Friedrich Kanjahn

Andachten zwischen Steinhuder Meer und Heide

Friedrich Kanjahn

Andachten zwischen Steinhuder Meer und Heide

Impulse im Jahreslauf

Fromm Verlag

Imprint
Any brand names and product names mentioned in this book are subject to trademark, brand or patent protection and are trademarks or registered trademarks of their respective holders. The use of brand names, product names, common names, trade names, product descriptions etc. even without a particular marking in this work is in no way to be construed to mean that such names may be regarded as unrestricted in respect of trademark and brand protection legislation and could thus be used by anyone.

Cover image: Friedrich Kanjahn

Publisher:
Fromm Verlag
is a trademark of
International Book Market Service Ltd., member of OmniScriptum Publishing Group
17 Meldrum Street, Beau Bassin 71504, Mauritius

Printed at: see last page
ISBN: 978-620-2-44286-2

Die folgenden Andachten sind vor allem in den Jahren 2008 bis 2018 in Zeitungen veröffentlicht worden, einige wurden auch im Radio gesendet. Die Themen der Andachten reichen vom neuen Jahr über Feiertage bis zu Fragen des Lebens.

Die Überschriften:

Wie ein Buch mit leeren Seiten

Ein neues Jahr ist wie die Tür zu einem unbekannten Raum. Oder wie ein Buch mit leeren Seiten. Erst am Ende des Jahres ist das Buch vollgeschrieben. Schon sind die ersten Tage des neuen Jahres vergangen, aber die neue Jahreszahl geht noch nicht wie von selbst von der Hand.

Prognosen, Träume und Sehnsüchte bewegen viele. Manche suchen gar Rat bei Wahrsagern. Es fällt Menschen schwer, die Zukunft einfach auf sich zukommen zu lassen.

Manche haben Großes vor, planen Erfolge im Beruf oder schwelgen bereits in Urlaubsplänen. Andere beschäftigen sich mit der Frage, was sie wohl im neuen Jahr aushalten und durchhalten müssen.

Manche Herausforderungen sind vom alten in das neue Jahr herübergekommen. Dennoch hält das neue Jahr auch eine Reihe von neuen Wegen bereit: im Beruf, in der Familie oder für Ältere im Übergang in die Rente. Oder in der Planung eines neuen Hauses. Neue Wege warten auf uns. Neue Wege sind neue Chancen, aber ebenso neue Herausforderungen und verbreiten Unsicherheit.

Neue Wege mutig beschreiten – dazu lädt ein Lied des Evangelischen Gesangbuches ein, gedichtet von Klaus Peter Hertzsch im Jahr 1989 in der damaligen DDR, kurz vor der Wende: „Vertraut den neuen Wegen, auf die der Herr uns weist, weil Leben heißt, sich regen, weil Leben wandern heißt…“ (Evang. Gesangbuch Nr. 395)

Das neue Jahr bietet Chancen, ausgetretene Pfade zu verlassen und neue Wege zu gehen. Neue Wege sind immer ein Wagnis, aber sie können zu wertvollen Erfahrungen führen. Vor allem: Wir müssen sie nicht allein gehen, wir können dabei auf Gott vertrauen. Mit ihm muss niemand allein den Herausforderungen des neuen Jahres begegnen, ob es Erfolge werden oder womöglich auch ein Verlust. Wir können die Zeit und damit auch alte und neue Wege aus seiner Hand nehmen.

So erleben wir auch das neue Jahr als ein Jahr mit Gott, gespannt auf neue Wege, die Gott uns führen wird.

Alles hat seine Zeit

Mit dem Ende der Schulferien hat für Familien mit schulpflichtigen Kindern wieder der Alltag begonnen. Noch ist alles etwas mühsam, das rechtzeitige Aufstehen, der Weg in die Schule, die lange Zeit der Konzentration. Und für alle Kinder, die eingeschult werden, beginnt nun ein neuer Lebensabschnitt. Sie sind nun wieder „die Kleinen", wie vor ein paar Jahren, als sie in den Kindergarten kamen. Nun wollen sie lernen, lesen, schreiben, rechnen. Sie wollen und müssen dann auch etwas leisten. Was für eine Welt erleben sie? Eine Welt der Leistung des Wohlstandes? Unsicherheit hat sich ausgebreitet, angesichts des Terrors, aber auch der Klimaveränderung.

„Alles hat seine Zeit" - das ist die Beobachtung eines nachdenklichen Menschen in der Frühzeit des jüdischen Volkes. Der Beobachter nennt verschiedene Gegensatzpaare: geboren werden und sterben, suchen und finden, reden und schweigen. Die Liste im dritten Kapitel des Buches Prediger im Alten Testament würden wir heute noch erheblich ergänzen können: „Alles hat seine Zeit – kranksein und gesund werden, arbeiten und Ausruhen, Alltag und Urlaub, Schule und Ferien,..."

Die Einsicht, dass alles seine Zeit hat und haben muss, leuchtet auch heute noch ein. Es ist keine Hilfe, wenn Menschen vieles gleichzeitig machen oder erleben wollen. Oder wenn uns alles jederzeit zur Verfügung stehen soll. Der Blick auf das Leben macht so gelassener, auch wenn unsere Gesellschaft von der Leistung vieler lebt.

„Alles hat seine Zeit, geboren werden hat seine Zeit, sterben hat seine Zeit." Gott hat uns unser Leben gegeben und damit haben wir viel Zeit. Wir müssen sie nicht immer bis auf die letzte Sekunde ausnutzen, sondern können auch mal ausruhen, vielleicht sogar mal Langeweile erleben.

Alles hat seine Zeit, Schule hat ihre Zeit, Ferien haben ihre Zeit, Urlaub hat seine Zeit, Arbeit hat ihre Zeit.

Zum Nachlesen in der Bibel: Buch Prediger Kapitel 3

Ja, ist denn noch Weihnachten?

In der Tat, die Weihnachtszeit ist erst zum 2. Februar zu Ende gegangen. Ich habe von einigen Familien gehört, in denen der Weihnachtsbaum noch bis in diese Woche hinein stehenbleiben sollte. Dabei geht doch vieles auf Ostern zu. Beim Einkaufen fallen Osterartikel ins Auge, auch die ganz anderen Farben als in der Weihnachtszeit: hellgrün, gelb. Und die letzten Schokoladen-Weihnachtsmännern sind längst verkauft.

Auch wenn Sie sich jetzt wundern: Was soll das jetzt mit Weihnachten?

Aus einem Gespräch an einem Weihnachtsfest vor wenigen Jahren: Da fragte mich jemand: „Ist etwa heute noch Weihnachten?" - Meine Antwort: „Natürlich, wir haben ja heute den ersten Weihnachtsfeiertag." Ein ratloses Gesicht schaute mich an. Wenn ich dann daran denke, dass im Einzelhandel Weihnachtsgebäck bereits an Anfang September zu bekommen ist - auch wenn es Herbstgebäck genannt wird -, dann ist die Weihnachtszeit bis zum zweiten Weihnachtstag recht lang.

Könnte es sein, dass es unsere Hektik ist, die dafür sorgt, dass wir besondere Zeiten und Ereignisse immer mehr vorziehen? Und wenn es dann wirklich soweit ist (beispielsweise Weihnachten), hat man das Gefühl, es ist schon vorbei. Könnte es sein, dass wir immer mehr in der Zukunft leben, anstatt die Gegenwart bewusst zu erleben und auszukosten? Nach dem Motto: „Wenn Du gehst, dann gehe." Und nicht: „wenn du gehst, dann mach schon was anderes." „Wenn Spätherbst ist, ist noch nicht Weihnachten."

Die Gegenwart bewusst erleben, daran erinnern Worte aus dem Buch Prediger „Ein jegliches hat seine Zeit." Und dann werden verschiedene Tätigkeiten aufgezählt wie „weinen hat seine Zeit, lachen hat seine Zeit." (Prediger Kapitel 3)

Hektik macht unseren Alltag nicht nur schneller und gehetzter, sie vertreibt uns aus der Gegenwart. Die Gegenwart bewusst erleben, das ist es.

Totensonntag oder Ewigkeitssonntag?

Oder ist Ihnen das sowieso ziemlich egal? Abschied und Tod sind nichts für Sie, weil Sie in den letzten Jahren nicht persönlich betroffen waren? Natürlich, wer nicht selbst mit dem Tod konfrontiert worden ist, wird weniger bereit sein, sich mit Sterben und Tod auseinander zu setzen.

Denn Sterben und Tod sind ein Einschnitt für die, die zurückbleiben. Abschied nehmen bedeutet Loslassen. Das ist erst einmal schmerzlicher Verlust. Doch wer ist schon bereit, loszulassen? Wir halten viel lieber fest. Loslassen dagegen fällt schwer und erscheint zuerst immer nur negativ.

Doch die christliche Hoffnung weitet den Blick: Tod und Sterben muss nicht immer nur Verlust sein. Wir können lernen, dass es Hoffnung gibt. Eine nahezu unglaubliche Vision wird auf den letzten Seiten der Bibel beschrieben: wie Gott in seiner neuen Welt unter den Menschen lebt. Die Folgen werden so angedeutet:„Gott wird abwischen alle Tränen und der Tod wird nicht mehr sein, noch Leid, noch Geschrei, noch Schmerz wird mehr sein.“ Das ist eine starke christliche Hoffnung, ein Blick voraus in eine Zukunft – ist diese Vision doch schon vor rund 1.900 Jahren aufgeschrieben worden. Gott will diese Vision mit Leben erfüllen. Vielen Generationen hat diese Hoffnung Kraft vermittelt, Kraft, von geliebten Menschen Abschied zu nehmen und sie loslassen. Und dann kann sich ein neuer Weg eröffnen, ein neuer Lebensabschnitt. Und Loslassen muss dann nicht mehr nur Verlust sein, sondern auch die Möglichkeit, Neues dazu zu gewinnen.

Mit dieser Hoffnung auf Gottes neue Welt ohne Sterben und Tod können wir leben – ohne immer an Sterben und Tod denken zu müssen. Diese Hoffnung will Gott zum Ziel führen. Denn er kann Tod zum Leben verändern.

Zum Nachlesen in der Bibel: Offenbarung Kapitel 21, Vers 4

Wert der Arbeit

Welchen Wert hat Arbeit für unsere Gesellschaft? Ist sie alles, egal ob man welche hat oder nicht? Ich habe den Eindruck, dass die Arbeit deutlich überbewertet wird. Arbeit ist weit mehr als der Lebensunterhalt. Arbeiten ist Machen-können und Machen-wollen. Als ob wir damit unser Leben in der Hand hätten.

Kommen Ihnen die Worte „ora und labora“ („bete und arbeite“) bekannt vor? Unsere Vorfahren kannten die Härte der Arbeit - und die Kraft des Betens. Sie wussten, dass sie durch die Arbeit ihr Leben nicht in der Hand hatten – zweifellos auch nicht durch das Beten.

Wer beten kann, gesteht sich ein, das eigene Leben nicht vollständig im Griff zu haben. Gesundheit, Kraft zum Leben und zum Arbeiten ist eine Gabe, kein Besitz. Das müssen diejenigen schmerzlich erfahren, die mit schwerer Krankheit zu leben haben.

Beten und Arbeiten – das klingt fromm. Doch das Beten stellt nur die Vorherrschaft der Arbeit infrage. So wie der Reformator Martin Luther es ausgedrückt hat: „Bete, als ob alles von deinem Gebet abhängt, und arbeite, als ob alles von deiner Arbeit abhängt.“ Beten ersetzt nicht die Anstrengung, die Mühe der Arbeit. Beten stellt die Machbarkeit des Lebens infrage und bietet Geborgenheit bei dem viel Größeren, bei Gott.

Beten stellt so das eigene Leben auf eine feste andere Grundlage. Und ich kann es mir endlich „leisten“, über mein Leben nachzudenken, über Erfolge, ebenso über Misserfolge und Fragen.

Wie kann ich zum Beten finden? Jede und jeder muss einen eigenen Weg finden, vielleicht in Form einer Besinnung auf Gott vor der Arbeit oder danach, zumindest einmal in der Woche.

So können viele die Erfahrung machen: Beten trägt das ganze Leben, über alle Arbeit und Anstrengung hinaus.

Heute noch für die Ernte danken?

Ist Erntedank noch aktuell? Bei Ernte denken viele an Landwirtschaft. Aber Landwirtschaft trägt heute starke industrielle Züge. Fast alles erscheint planbar – vom Wetter abgesehen. Wozu dann noch danken?

Oder wie vor wenigen Tagen in Schneeren: ein Gottesdienst zum Erntedank in einem Kuhstall. Und die Kühe schauten zu. Danken – dabei zehrt der zu niedrige Milchpreis an der Substanz vieler Betriebe. Manche haben die Milchviehhaltung schon aufgeben müssen. Wie viele Betriebe werden es in den nächsten Monaten sein? Kann man dafür danken?

Dafür danken, das geht nicht. Aber für anderes: für das gute Leben, für Erfolge in der Arbeit, für die Gesundheit auch im Alter, auch für Zuversicht und Freude. Danken setzt nicht voraus, dass alles gelungen ist. Danken setzt Nachdenken voraus, Nachdenken über das eigene Leben, über das, was wir nicht uns selbst verdanken. So schwierig das Leben für Einzelne auch sein mag, es gibt immer Gründe zu Danken. So bleibt Dank, auch Erntedank, aktuell. Wir danken Gott für all, was wir zum Leben haben. So wie es ein alter und bekannter Choral ausdrückt: „Nun danket alle Gott, mit Herzen, Mund und Händen, der große Dinge tut an uns und allen Enden.“ (Evangelisches Gesangbuch Nr. 321)

Noch etwas: Erntedank lässt uns bewusster wahrnehmen, was wir essen. Wenn ich für Nahrungsmittel danke, fällt es mir schwer, sie wegzuwerfen, wenn ich zuviel eingekauft habe. Das soll ja vorkommen. Vor allem aber mache ich mir Gedanken über die Herkunft und die Transportwege der Nahrungsmittel und werde hoffentlich beim nächsten Einkauf bewusst regional erzeugte Produkte kaufen.

Übrigens kann Danken auch fröhlich und zuversichtlich machen.

Im Oktober 2016

Langeweile und Kirche – ein unzertrennliches Paar?

Kirche verbinden viele Menschen in unserem Land mit Langeweile. Warum? Weil die Botschaft der Bibel langweilig ist und niemanden vom Hocker reißt? Oder weil die Konfirmandenzeit so langsam vorüber ging? Die Frage ist keineswegs langweilig, warum Kirche und Langeweile so sehr miteinander verbunden werden! Vielleicht ist es so: langweilig wird es immer dann, wenn wir wissen, was kommen wird. Und wenn das Erwartete eintritt, dann wird damit die Langeweile bestätigt. Klar, in der Kirche geht es um Gott und Jesus. Viele meinen zu wissen, was in der Kirche auf sie zukommt, was sie zu erwarten haben.

Das gilt wohl besonders für den Gottesdienst. Egal, welcher Bibeltext ausgelegt werden soll, es scheint schon vorher festzustehen, worüber die Predigt „geht“. Dabei geht es in der Kirche vor allem um uns Menschen. Jesus hat einmal gesagt „Ich bin gekommen, dass sie das Leben und volle Genüge haben sollen.“ Jesus möchte ein erfülltes Leben für uns Menschen. Darum geht es in den Predigten und Andachten: wer Jesus für die Menschen ist und wie wir mit der Botschaft von der Liebe Gottes leben können.

In der Kirche geht es nicht um Einschränkungen und Aufgabe von Freiheiten, sondern um ein erfülltes Leben im Vertrauen auf Jesus. Dafür stehen viele Veranstaltungen, Projekte, Gruppen und Kreise in den örtlichen Kirchengemeinden. Ein erfülltes Leben ist alles andere als langweilig. Denn es birgt Überraschungen und bleibt spannend. Wer genauer hinschaut und für Überraschungen offen ist, wird entdecken, dass Kirche und Langeweile weniger zusammen passen als gern behauptet wird. Kirche und Gott sind spannend, denn es geht dabei um Leben, um Glaube, Hoffnung und Liebe.

Zum Nachlesen in der Bibel: Evangelium nach Johannes Kapitel 10, Vers 10b

„Der Ehrliche der Dumme"?

Was früher eine Tugend war, scheint heute für viele ein Nachteil, vielleicht sogar eine Last. Ein Buchtitel brachte das vor etlichen Jahren auf die Spitze „Der Ehrliche ist der Dumme". Ehrlichkeit im Alltag ist schon lange nicht gefragt. Ein bisschen Schummeln ist doch erlaubt – oder nicht? Man muss doch nicht immer bei der Wahrheit bleiben, wenn es dem eigenen Vorteil dient.

Überhaupt scheinen sich Werte heute immer mehr zu verschieben. Niemand will als egoistisch gelten, aber den eigenen Vorteil suchen, muss das nicht erlaubt sein? Es ist zumindest nicht strafbar. Aber wenn eine solche Haltung dazu führt, dass Geschwindigkeitsbegrenzungen als Fahrempfehlungen verstanden werden, die man auch völlig außer acht lassen kann, ist das nicht mehr tolerierbar.

Zurück zur Ehrlichkeit: es gibt Bereiche im Alltag, in denen Ehrlichkeit unverzichtbar ist. Beispielsweise im Umgang mit sich selbst. Vermutlich möchte jeder gern besser und schöner sein, als er oder sie ist. Im Blick auf eine Sucht ist aber Hilfe erst möglich, wenn der Betroffene ehrlich zu sich selber wird und merkt, dass er Hilfe braucht und selbst nicht weiter kommt. Auch in der weiteren Therapie ist die Ehrlichkeit vor sich selbst und allen, die sich um den Betroffenen bemühen, wichtig. Anders kann Therapie gar nicht wirksam werden.

Ein Beispiel, wie wichtig und wesentlich Ehrlichkeit ist.

Übrigens gilt das auch für unsere Beziehung zu Gott: er möchte nicht, dass wir Theater spielen. Er durchschaut uns sowieso. Ihn behindert unsere Unehrlichkeit nicht, aber wir machen uns selbst etwas vor, wenn wir nicht ehrlich sind.

Allerdings – soweit ist der genannte Buchtitel ein wichtiger Hinweis – Ehrlichkeit kann auch Nachteile bringen. Manche wollen keine Ehrlichkeit, weder von sich noch von anderen. Sie wollen gern sich mit Fassaden umgeben. Dann stört jede Form der Ehrlichkeit. Aber das müsste sich aushalten lassen zugunsten von Echtheit!

Wer bin ich? Wer möchte ich sein?

Vor kurzem ein Gottesdienst von und für Konfirmandinnen und Konfirmanden, also für Jugendliche. In der Vorbereitung warf jemand ein Thema auf „Wer bin ich? Wer möchte ich sein?“ Schnell wurden erste Ideen gesammelt: eine Castingshow. Wie möchten Jugendliche sein, welche Idole haben sie? Wie finden sie ihre eigene Identität? Fragen, die in der persönlichen Entwicklung wichtig sind.

Die Karnevalssaison ist vorbei. Karneval ist unter anderem der Reiz, sich zu verkleiden, eine andere Identität anzunehmen. Mögen Karneval oder Fasching uns Norddeutschen eher etwas fremd sein, so lebt manches davon in unseren Schützen- oder Erntefesten mit Festumzug und Festwagen.

Wer bin ich? Wer möchte ich sein? Die Frage nach der eigenen Identität bewegt Menschen von der Jugendzeit an. Und damit nicht selten der Wunsch, ein anderer Menschen zu sein als man selbst ist.

Dieser Wunsch bewegt selbst Menschen in höherem Alter: ein Leben ohne Beschwerden, ohne Älterwerden, mit der vertrauten Umgebung.

Der Wunsch, jemand anders zu sein als man wirklich ist, scheint tief in Menschen verankert zu sein. Je unsicherer die eigene Persönlichkeit ist, desto ausgeprägter der Wunsch, jemand anderes zu sein, mit anderen Stärken. Dabei wäre es besser, sich über die eigenen Stärken zu freuen und Schwächen und Grenzen zu akzeptieren und so die eigene Persönlichkeit anzunehmen.

Schließlich ist jeder Mensch ein Original, letztendlich sogar unverwechselbar.

So wie es ein Lied von Jürgen Werth ausdrückt. Im Refrain heißt es: „Du bist ein Gedanke Gottes, ein genialer noch dazu. Du bist du – das ist der Clou…“

Dieses Lied wurde auch in dem Jugendgottesdienst gesungen. Es zeigt den Weg, sich selbst anzunehmen, weil Gott uns angenommen hat. Wer bin ich? Wer will ich sein? Ein von Gott geliebter Mensch.

Kritisieren ist einfach

Wie einfach ist es, an anderen Kritik zu üben. Noch mehr, wenn dieses anonym im Internet geschehen kann.

Vor einiger Zeit wurde einer deutschen Reederei vorgeworfen, auf einem ihrer Schiffe verbotenerweise Waffen nach Syrien zu transportieren. Während der Untersuchungen hat das Unternehmen hunderte Emails und Telefonanrufe mit Beleidigungen und Vorverurteilungen erhalten. Die Vorwürfe haben sich in Luft aufgelöst – es waren definitiv keine Waffen an Bord- , aber die Vorverurteilungen bleiben bestehen und der enorme Imageschaden für das Unternehmen auch.

Es ist so einfach, sich über andere Menschen zu erheben. Dafür gibt es genügend Anlässe. Aber so leicht wird aus der berechtigten Kritik ein vernichtendes (Vor-)Urteil. Selbst wenn sich sämtliche Kritikpunkte in Luft auflösen, „etwas bleibt immer hängen". Und es finden sich auch Menschen, die zu wissen vorgeben, wie die Kritisierten sich verhalten sollten. Haben wir in unserer Gesellschaft offensichtlich eine große Zahl von „Fachleuten" und „Experten"? So scheint es.

Jesus hat in seiner Zeit sehr deutlich jede Vor-Verurteilung zurecht gerückt. Er hat die Kritik an anderen mit einem Splitter verglichen, den jemand aus dem Auge seines Mitbürgers ziehen will, dabei aber den Balken in seinem eigenen Auge übersieht. Jesus hat damit nicht einfach das Urteilen über andere verboten, sondern darauf hingewiesen, dass wir barmherzig miteinander umgehen sollen – weil Gott mit allen Menschen barmherzig umgeht.

Damit hat er einen Maßstab gesetzt, der bis heute nichts von seiner Aktualität verloren hat. Andere werden an Worte Jesu denken, die beinahe sprichwörtlich geworden sind: „Richtet nicht, damit ihr nicht gerichtet werdet!"

Gerade weil es so verlockend ist, sich über andere Menschen zu erheben, ist diese Mahnung Jesu wichtig – und weist uns den Weg zu einem barmherzigen Umgang miteinander.

Zum Nachlesen in der Bibel: Evangelium nach Lukas, Kapitel 6, Verse 36 bis 42

Eine Quelle

Es war auf einen ansteigenden Weg in Südtirol. Wasser quoll aus dem Untergrund und bahnte sich einen Weg: eine kleine Quelle. Unermüdlich sprudelte das frische Wasser auf den Weg und floss zur Seite weg.

Eine Quelle – das wäre eine gute Sache für das eigene Leben! Eine Quelle für die Kraft im Alltag, für das Engagement, für andere Menschen.

Die Quelle ist das Bild für einen nie endenden Zufluss an Liebe und Lebenskraft. Leben und Kraft strömen beständig.

Aber eine Quelle ist noch mehr: ein Ort, an dem wir ausruhen können. Dort können wir es uns gut gehen lassen, so richtig „chillen“ wie Jugendliche sich ausdrücken. Denn die Quelle bringt frisches, unverbrauchtes Wasser.

Wir brauchen die wirklichen Quellen nicht, denn wir haben tiefe Brunnen, aus denen das Trinkwasser gefördert wird. Und noch ist es so sauber, dass wir Menschen es ungefährdet trinken können.

Das war noch in der Mitte des letzten Jahrhunderts anders: nicht wenige Menschen hatten nur Wasser aus Zisternen zur Verfügung, das sie vor dem Gebrauch abkochen mussten. Frisches Wasser – damals ein Luxus, heute ist es selbstverständlich.

In der Bibel heißt es: „Bei dir ist die Quelle des Lebens und in deinem Licht sehen wir das Licht.“

Bei Gott ist eine Quelle, die nie versiegt. Gott selbst ist die Quelle. Er ist für die Menschen da, mehr noch als jede Quelle. Denn er gibt Kraft und Mut, wo wir sie brauchen. Er ist auch in den Tiefen da, wo wir Menschen an unsere Grenzen gestoßen werden. Gott ist das Licht, wo wir nichts mehr erkennen können vor lauter Dunkelheit oder wenn die Zukunft unübersichtlich erscheint.

So ist die Quelle ein Bild, das auch mitten im Alltag an Gott erinnern kann.

Zum Nachlesen in der Bibel: Psalm 36, Vers 10

Vorbilder

Als Jugendlicher sollte ich Vorbildern folgen, um meinen Weg zu finden. Was mich damals gestört hat: ich konnte mir meine Vorbilder nicht selber suchen, andere legten fest, welchen Vorbildern ich folgen sollte.

Vorbilder brauchen auch Erwachsene, brauchen wir alle. Von falschen Vorbildern wird gesprochen, wenn es wieder einen politischen Skandal gegeben hat und betroffene Politiker von ihren Ämtern zurücktreten mussten.

Warum sind Vorbilder eigentlich so wichtig und immer noch aktuell? Das hat wohl einen einfachen Grund: wir Menschen lernen wohl das meiste durch nachahmen. Wir ahmen nach, was andere uns vormachen, wie sie leben. Wie sie sich den Tag einteilen, Entscheidungen treffen, sich auf Prüfungen vorbereiten und einigermaßen gradlinig durch's Leben zu gehen und vieles andere.

Vorbilder sind Menschen, von denen wir viel lernen können. Die herausragende Eigenschaften haben, die wir auch gern hätten, an denen wir uns orientieren.

Aber niemand ist perfekt, darum dürfen Vorbilder auch Brüche in ihrer Persönlichkeit haben. Sie dürfen auch Fehler machen. Sie stehen nicht auf einem hohen Podest, weit erhoben über andere. Sie sind auch mitten unter uns. Vorbilder müssen nicht perfekt sein, aber glaubwürdig. Sie müssen Fehler und Versagen zugeben, wo es nötig ist.

Was haben diese Gedanken mit dem christlichen Glauben zu tun? Im Neuen Testament wird Jesus als Vorbild hingestellt, dem die Christen nachfolgen sollen. Sie sollen den Weg gehen, den er vorgeprägt hat, den Weg der Barmherzigkeit. Jesus hat „euch ein Vorbild hinterlassen, das ihr sollt nachfolgen seinen Fußtapfen."

So ist Jesus das große Vorbild, wichtiger als andere Vorbilder, die enttäuschen können. Er ist barmherzig und nicht gewalttätig, sanftmütig und nicht aufbrausend. Wer Jesus nachfolgt, ihn als Vorbild nimmt, kann auch selbst anderen ein Vorbild werden.

Zum Nachlesen in der Bibel: 1. Petrusbrief Kapitel 2, 21

Ein Wettergott?

Über das Wetter kommt man leicht ins Gespräch, besonders in diesen Wochen. Ist es kalt, beklagen sich die einen darüber, dass sie noch heizen oder warm anziehen müssen. Ist es heiß, tun andere so, als sei die Sonne ihr Feind. Bei Sturm leiden nicht wenige unter Kopfschmerzen. Sich über das Wetter zu beklagen, gehört beinahe zum guten Ton. Ändern können wir ohnehin nichts, da spielt es auch keine Rolle, wie stark sich der Klimawandel bereits auswirkt. Gegenwärtig jedenfalls warten viele auf mehr Wärme. Regnen müsste es auch, am besten nachts.

Ist das Wetter für eine Veranstaltung ungünstig, ist schnell die Rede vom „Wettergott". Wer ist das eigentlich? Kürzlich wurde ich wieder einmal gefragt:

„Haben Sie einen guten Draht zum Wettergott?"

Was ist ein guter Draht? Ich verstehe darunter die Möglichkeit einer Einflussnahme. Bleibt immer noch die Frage nach dem Wettergott. Vielleicht könnte das auch eine Art sein, heute von Gott als dem Unverfügbaren zu reden. Über das Wetter können Menschen bekanntlich nicht verfügen, es ein wenig beeinflussen, das geht schon. Aber der Gott der Bibel lässt nicht über sich verfügen, sich auch nicht beeinflussen. Hier könnte man das Beten nennen, das Gott beeinflussen will. Aber dabei bleibt er der Unverfügbare. Christinnen und Christen glauben an einen Gott, der Himmel und Erde in seiner Macht hat, also auch das Wetter, das ganze Leben und noch mehr.

Der Gott der Bibel ist kein anonymer Wettergott in einer Gesellschaft, die versucht, ohne Gott auszukommen, sondern wir können ihn persönlich ansprechen – im Beten. Und wir haben immer wieder Grund, über ihn zu staunen.

Zum Nachlesen in der Bibel: Psalm 104, 24

Sonnenschirm am Weg

Der Radweg führt am Deich entlang. Etwas zurück und hinter Bäumen versteckt liegt eine Kirche. An der Straße ein Schild „Kirche geöffnet“ und ein Sonnenschirm. Als hätte jemand eingeladen: steig ab vom Rad, mach Pause, komm in die Kirche! Und in der Kirche ist es erfrischend kühl, Stille umfängt mich. Im Eingangsbereich steht eine Kiste mit Wasserflaschen, Selbstbedienung.

Eine Einladung, um kurz zur Ruhe zu kommen und zu spüren, wie gut es ist, Durst zu stillen. Den Durst nach einer längeren Radtour, aber auch den Durst nach Gott.

Der Urlaub ist eine Einladung, zur Ruhe zu kommen. Manche nutzen die Zeit des Urlaubs, um Arbeiten zu erledigen, für die sonst keine Zeit ist. Andere bleiben die ganze Zeit zu Hause. Es kommt nicht darauf an, weit weg zu fahren oder zu fliegen. Viel wichtiger ist es, der Einladung zu folgen. Der Einladung, einmal zur Ruhe zu kommen und neue Kraft zu schöpfen. Damit es mit neuer Kraft wieder in die Arbeit geht, in die täglichen Pflichten.

Der Sonnenschirm an dieser Kirche am Deich erinnert mich an eine Einladung Jesu: „Kommt alle her zu mir, die ihr müde und abgearbeitet seid, ich will euch Ruhe und neue Kraft geben.“

Anhalten, zur Ruhe kommen und neue Kraft schöpfen ist kein Luxus, sondern lebensnotwendig. Dafür ist es nicht notwendig, in eine Kirche zu gehen. Manchmal kann das auch schon der Gartenstuhl sein oder ein Platz am Wasser oder ein Weg im Wald. Wichtig ist, dass wir zur Ruhe kommen können (das ist manchmal nicht leicht) und zum Beten finden. So können wir neue Kraft schöpfen für die Herausforderungen des Alltags.

Zum Nachlesen in der Bibel: Evangelium nach Matthäus Kapitel 11, Vers 28

„Hallo Luther“ oder Halloween?

Ausgehöhlte Kürbisse, Hexenmasken und andere Gruselgestalten zeigen an: "Halloween" ist nicht mehr weit. Als ob es zu unserer Kultur gehört. Dabei stammt der Brauch ursprünglich aus dem angelsächsischen Raum. Am Vorabend zu Allerheiligen gehen Menschen umher, um mit Masken die Geister von Verstorbenen zu erschrecken. Ursprünglich war dieses ein keltisches Fest, das Samhain „Ende des Sommers“, bedeutet. Mit Opfern, Masken und Feuer sollten Geister und Dämonen vertrieben werden.

Evangelische Christinnen und Christen begehen am Vorabend zu Allerheiligen einen anderen Tag, und zwar den Gedenktag der Reformation (31. Oktober). Es war der 31. Oktober 1517, an dem der Mönch und Professor der Theologie Martin Luther 95 Thesen zur Besserung der Kirche an die Tür der Schlosskirche in Wittenberg geschlagen hat. Er wollte damit eine akademische Diskussion entfachen. Historiker haben die Echtheit dieses Ereignisses bezweifelt. Sicher ist auf jeden Fall, dass Martin Luther die 95 Thesen geschrieben und verbreitet hat.

Hallo Luther - so können wir heute den Reformationstag verstehen. Nicht als rückwärtsgewandtes Gedenken, als einen Besuch im Museum der Kirchengeschichte. „Hallo Luther“, das heißt, wir denken darüber nach, was die Reformation damals bewirkt hat und was sie heute bewirken kann. Martin Luther hat entdeckt, dass Gott sich von sich selbst über die Menschen erbarmt. Gott schenkt uns sein Erbarmen, und davon leben wir - nicht von unserer Anständigkeit oder Leistung!

„Hallo Luther“ kann die Entdeckung werden, dass Gott uns in der Bibel begegnet und mit unserem Leben zu tun haben möchte. Die Reformation ist für unsere Gesellschaft heute zweifellos wichtiger als Halloween.

Darum werden in vielen Kirchengemeinden Gottesdienste oder Andachten zum Reformationstag gefeiert!

(2008 geschrieben)

„Unser tägliches Brot gib uns heute“?

Brot können wir jederzeit und überall kaufen. Eine Bäckerei findet sich eigentlich immer, und sonst tut es auch ein Discounter. Wem die große Auswahl nicht reicht, backt sich sein Brot selbst. Backmischungen und Brotbackautomaten machen es leicht. Brot steht uns also eigentlich immer zur Verfügung – Hauptsache, dafür ist ausreichend Geld da. Die vielen Lebensmittel-Tafeln in unserem Land zeigen einen Bedarf an zusätzlicher Versorgung.

Brauchen wir die Bitte aus dem Vaterunser wirklich noch?

In der Zeit Jesu war das Brot Hauptnahrungsmittel. Jeden Tag gab es Brot: morgens, mittags und abends. Dazu gab es etwas Olivenöl, manchmal auch Oliven oder Feigen. Fleisch war so teuer, dass selbst Wohlhabende es sich nur hin und wieder selten leisten konnten. Gemüse oder Fisch waren eher möglich. Brot wurde in der Regel in jedem Haushalt gebacken. Die Sorge um das tägliche Brot bestimmte also den Alltag.

Wenn das tägliche Brot (auf das die meisten von uns auch mehrere Tage lang verzichten könnten, ohne hungern zu müssen) heute beinahe selbstverständlich ist – die Sorge um das Leben ist geblieben. Nicht um die tägliche Nahrung oder Versorgung, sondern im Blick auf den eigenen Arbeitsplatz, auf die Gesundheit, auf die Partnerschaft oder Familie, auf die finanzielle Absicherung im Alter. Andere machen sich Gedanken um Klimaschutz.

Die Bitte um das tägliche Brot ist die Bitte darum, dass Gott für unsere Zukunft sorgen möge. Diese Sorge Gott anzuvertrauen, schließt die eigene Verantwortung mit ein. Gott die Sorge zu überlassen, kann von unnötiger Belastung befreien.

So bleibt die Bitte „Unser tägliches Brot gib uns heute“ weiter aktuell.

Und: wer bitten kann, kann am Ende auch danken.

Zum Nachlesen in der Bibel: Evangelium nach Matthäus Kapitel 6, Vers 11 und Kapitel 6, die Verse 33 und 34

November

Eigentlich wollten Sie nicht weiter lesen? Das wäre nicht verwunderlich, denn im November ist ein Thema „dran“, dem viele Menschen ausweichen. Dabei mag das Ausweichen sogar plausibel klingen wie in diesem Gespräch am Sterbebett eines Angehörigen: „Nein, er stirbt bestimmt noch nicht. Wir wollen nicht über den Tod nachdenken, wir wollen leben!“

Wer will nicht leben?

Falls Sie doch bis hierher weiter gelesen haben: Wir wollen doch leben! Ich auch!

Und doch: unser Leben ist begrenzt, wir haben sozusagen eine begrenzte Haltbarkeit – allerdings weiß niemand, wann das eigene Haltbarkeitsdatum abgelaufen ist.

Der Tod ist aus unserer Gesellschaft verbannt. Leistung zählt, Ziele setzen und erreichen – aber nicht Schwäche, Pflegebedürftigkeit und Sterben. Nicht vom Sterben reden – wir wollen leben.

Dabei gehört der Tod zum Leben. Darum ist es eigentlich lebensnotwendig, sich Gedanken über den eigenen Tod zu machen. Und nicht so zu tun, als fänden Sterben und Tod in einer anderen Welt statt.

Vor einigen Wochen gab es in meiner Gemeinde eine Veranstaltung über Bestattungsvorsorge. Dort wurde recht offen über Sterben und Bestattung gesprochen.

Persönlich habe ich viel mit Sterben und Tod zu tun. Das gehört zum Beruf als Pastor. Als Notfallseelsorger erlebe ich noch viel mehr Gespräche, die das Sterben zum Thema haben, das Sterben von anderen Menschen, aber auch das eigene Sterben.

Das Sterben gehört zum Leben. Warum sollte das nicht möglich sein? Die christliche Botschaft lautet: wir haben Hoffnung auf Auferstehung, auf ein Leben in Gottes neuer Welt. Darum können Menschen, die auf Gott vertrauen, dem Tod offen begegnen.

Zum Nachlesen in der Bibel: Psalm 90, Vers 12

Heute ein Hirte

„Und wer sorgt für Sie, wenn Sie soviel für andere sorgen?" Solch eine Frage wird mir immer wieder gestellt. Seit einiger Zeit macht mir ein Bild meine persönliche Antwort leichter. Dieses Bild haben Menschen weit vor unserer Zeit geprägt, im ausgehenden neunzehnten Jahrhundert: Jesus als der gute Hirte. Das ist ein Bild der Vergangenheit. Denn der Beruf des Hirten ist heute zwar nicht völlig ausgestorben, aber aus dem Alltag verschwunden. Ein Hirte ist jemand, der für die Tiere sorgt, die ihm anvertraut worden sind. Die Tiere sollen genug zu saufen und (auf der Weide) zu fressen haben, und sie müssen beschützt werden.

Das Bild von Jesus als dem Hirten zeigt Jesus, wie er ein Lamm auf seinen Schultern trägt.

Dieses Bild bedeutet für mich: wenn ich Jesus vertraue, dann trägt er mich, auch wenn ich mit meiner Kraft am Ende bin. Und dann sogar, wenn mein Glaube hohl und leer geworden ist. Ich kann darauf vertrauen, dass er für mich da ist, wenn ich ihn brauche. Das ist nicht immer der Fall. Aber dann und wann ist es nötig. Er ist da, wenn ich den Eindruck habe, versagt zu haben oder ich habe falsche Worte gebraucht oder einen schwerwiegenden Fehler gemacht.

Andere Bilder können auch positive Impulse abrufen: das Bild des Therapeuten oder des Arztes oder eines zuhörenden Menschen. Mir hilft besonders dieses alte Bild von Jesus als einem Hirten. Besonders, wenn ich im Alltag mit chaotischen Situationen zu tun habe, z.b. mit einem Verkehrsunfall. Oder wenn ich Menschen begleiten soll, die plötzlich mit einer tragischen Trauersituation leben müssen.

Jesus hat sich selbst mit einem Hirten verglichen. Vielleicht ist dieses Bild auch etwas für Sie.

Zum Nachlesen in der Bibel: Evangelium nach Johannes Kapitel 10, Vers 11

Geöffnete Kirchen nutzen

Nun geht es endlich los in den Urlaub: beim Einpacken nichts Wichtiges vergessen, ins Auto, auf die Straße – und in den ersten Stau. Oder in die Bahn. Nicht nur das Gepäck fährt mit, sondern auch Erwartungen. Erinnerungen an die Arbeit sollen zu Hause bleiben, genauso wie Probleme in der Familie und womit man sich sonst herumgeschlagen hat. Endlich erholen, Pause machen, neue Kräfte schöpfen! Doch dann kommt die Ernüchterung: wir nehmen auch uns selbst mit in den Urlaub. Kurz: der Urlaub kann zu einer Enttäuschung werden.

Darum gibt es manche Tipps und Ratschläge, wie man sich besser auf den Urlaub vorbereitet, insbesondere mit kleinen Kindern. Als wichtig sehe ich es vor allem an, den Urlaub als Auszeit vom Alltag zu verstehen und zu planen. Mit Zeit für Entdeckungen in der Natur, in den Bergen wie am Strand - das funktioniert auch mit Kindern.

Und: nutzen Sie geöffnete Kirchen, um die Stille zu genießen und zu beten. So kann der Urlaub für Sie zu einer inneren Kraftquelle werden. Schließlich können Sie sich in diesen Wochen endlich einmal Zeit für sich selbst nehmen – und Zeit für eine Andacht oder einen Gottesdienst ist auch drin.

Kinder haben ihre eigene Weise, Kirchen zu entdecken, hohe Gewölbe, eine faszinierende Akustik. Und in manchen größeren Kirchen können Kinder auch nach einer (Kirchen-)Maus aus Stein suchen! Oder sie suchen nach Darstellungen anderer Tiere in der Kirche. Die Kinder sind beschäftigt und erzählen begeistert von jeder Entdeckung. Und Sie können auch noch Neues in einer Kirche entdecken.

So kann der Urlaub zur Erholung an Leib und Seele werden. Nutzen Sie die Möglichkeiten, die Ihnen der Urlaub bietet und tanken Sie auf!

Sonne im Sommer

Sehnsucht nach Sonne – nach einigen Wochen Aprilwetter im Juni ist die Sehnsucht nach Sonne wieder da. Auch wenn es eigentlich nicht genug geregnet hat. Wie wäre das: endlich wieder ohne Jacke auf der Terrasse sitzen, jeden einzelnen Sonnenstrahl in sich aufnehmen. Spüren, wie die Wärme der Sonne unter die Haut kriecht, bis tief in den Körper hinein. Wärme durchflutet Kopf, Herz, Bauch, Arme und Beine. Eine leichte Brise weht frische Luft heran. Endlich Sonne tanken für die nächsten Tage und Wochen! Endlich Sommer.

Die Meteorologen wagen keine genaueren Vorhersagen für den Sommer 2011. Sie sprechen von wechselhaftem Wetter. So bleibt die Sehnsucht nach Sonne, nach Urlaub, nach Entspannung. Diese Sehnsucht ist nichts anderes als Sehnsucht nach Leben. Warum sonst ist die Sehnsucht nach Sonne stärker als die Angst vor einem Sonnenbrand?

Nun ist es endlich soweit - der Sommer ist gekommen und damit soll die Sonne möglichst viel scheinen. Nun ist auch Zeit, die Sonne zu genießen.

Wem diese Gedanken über die Sonne ein wenig zu umfangreich werden: Mit der Sonne wird in der Bibel Gott verglichen: „Der Herr ist Sonne und Schild." Die Sonne ist nicht nur lebensnotwendig, sondern sie erfüllt und stärkt.

Gott ist für uns wie die Sonne, er erfüllt unser Leben mit seiner Wärme und seinem Licht. In seiner Nähe können wir es uns gut gehen lassen. Bei ihm können wir Pause machen, alle Aufgaben liegen lassen und durchatmen. So ist er für uns da. Sollte die Sonne einmal zu intensiv scheinen, ist Gott wie ein Sonnenschirm zu uns, er spendet Schatten und erfrischt, er schützt.

Gott will, dass wir leben können. Darum können wir mitten im Alltag einen Hauch von Urlaub spüren. Aufatmen mitten in der Abfolge verschiedenster Aufgaben. Gott bietet mitten im Alltagslärm eine Oase der Ruhe. Wir können an Gott denken, ruhig werden und beten, unser Leben vor ihm ausbreiten. (im Juni 2011)

Zum Nachlesen in der Bibel: Psalm 84, Vers 13

Konfirmation – nur wegen der Geschenke?

Seit immerhin mehr als 475 Jahren gibt es junge Menschen, die sich konfirmieren lassen wollen. Dabei hatte der Reformator Martin Luther die Konfirmation nicht vorgesehen. Er wollte alles vermeiden, was dem katholischen Sakrament der Firmung ähnlich werden konnte.

Die Idee der Konfirmation geht auf den Reformator Martin Bucer in Straßburg zurück. Erstmals wurde sie in der hessischen Ziegenhainer Kirchenzuchtordnung von 1539 formuliert. Die Konfirmation selbst wurde als Bestätigung der eigenen Taufe verstanden, dazu gehörte die feierliche Aufnahme in die (Erwachsenen-) Gemeinde und die Zulassung zum Abendmahl. Der Katechismusunterricht bereitete auf die Konfirmation im Alter von etwa 14 Jahren vor. Noch bis in die sechziger Jahre des letzten Jahrhunderts fiel die Konfirmation mit der Entlassung aus der Volksschule zusammen. So war die Konfirmation gleichzeitig ein wesentlicher Schritt zum Erwachsenwerden.

Im Laufe der Jahrhunderte hat die Konfirmation und der vorhergehende Unterricht manche Veränderungen erfahren. Erst im achtzehnten Jahrhundert, also 200 Jahre nach der „Erfindung“ der Konfirmation, war sie flächendeckend eingeführt. Weil in dieser Zeit der persönliche Glaube besonders betont wurde, trat das Glaubenswissen zurück. In der Zeit der Aufklärung wurde die Konfirmation vor allem als Ritus der bürgerlichen Mündigkeit als wichtige Stufe zum Erwachsenwerden verstanden.

In den letzten Jahrzehnten des letzten Jahrhunderts entstanden unterschiedlichste Modelle für den Konfirmandenunterricht. Ziel war und ist, den jungen Menschen möglichst gerecht zu werden, ihnen wesentliche Inhalte des christlichen Glaubens in ihrer Sprache und ihrer Gedankenwelt zu vermitteln und sie so fähig machen, ihre eigene Taufe zu bestätigen.

Konfirmation bedeutet nach wie vor „Bestätigung“ der Taufe bzw. im christlichen Glauben.

Welche Motive leiten junge Menschen, sich konfirmieren zu lassen? Ist es das Geld,

das sie als Geschenk zur Konfirmation erwarten können? Sicher, Geld und andere Geschenke spielen heute eine wichtige Rolle.
Viele freuen sich vor allem auf eine harmonische Familienfeier.
Welche Motive haben junge Menschen früher bewegt, sich konfirmieren zu lassen?
Schaut man genauer hin, wird deutlich: weil die Eltern die Konfirmation wollten.
Denn die Konfirmation gehörte noch in den sechziger und siebziger Jahren selbstverständlich zum Leben auf dem Dorf. Alle ließen sich konfirmieren.
War das ein „besserer“ Grund für die Konfirmation?
Immerhin gibt es nach wie vor manche junge Menschen, die das Glaubensbekenntnis in der Konfirmation bewusst mitsprechen und es ernst nehmen. Ihnen sind nicht zuletzt die alten und bekannten Worte aus Psalm 23 wichtig: „Der Herr ist mein Hirte, mir wird nichts mangeln.“

Zum Nachlesen in der Bibel: Psalm 23

Freude in der Dunkelheit

„Wie geht es Ihnen?“ Was denken Sie, wenn Sie diese Frage hören? Ist die Frage ehrlich gemeint? Interessiert der Fragende dafür, wie es mir geht? Oder stört es, wenn ich erzähle, wie meine Situation ist?

In der letzten Zeit bin ich mehrmals mit dieser Frage begrüßt worden. Und jedes Mal habe ich kurz überlegt, wie ich auf die Frage antworten möchte.

Es macht ja schon einen großen Unterschied, ob diese Frage wirkliches Interesse zeigen soll. Gerade in diesen Wochen. Während ich diese Gedanken niederschreibe, geht eine Reihe von Sonnentagen zu Ende. Es sind typische Novembertage zu erwarten. Mit dunklen Wolken, Nebel und Regen, vielleicht auch noch Wind dazu. Ungemütliches Wetter. Und diese Ungemütlichkeit setzt sich bis in das eigene Innere fort. Manche sprechen vom depressiven Novemberwetter. Dabei ist klar: wir müssen den grauen Alltag durchschreiten, auch manche Tiefen, aber auch dann und wann eine Höhe. Immer nur Tiefen, das könnte wohl kaum jemand aushalten. Und immer nur den stumpfen Alltag, das wäre auch nicht gut. Und immer nur Schönes erleben wird mit der Zeit auch belanglos und langweilig.

In einer dunklen Umgebung wächst der Wunsch nach Licht. Spätestens wenn die Tage noch kürzer werden und die Dunkel noch früher einsetzt, soll Licht erstrahlen. Als Zeichen der Orientierung, der Geborgenheit und der Sicherheit und vielleicht auch der Freude. Gut ist es, die dunkle Zeit auszuhalten, dann strahlt das Licht umso mehr.

Freude kann sich ausbreiten, wenn die Adventszeit kommt und dann auch bald das Weihnachtsfest. Freude über das Licht, das mit Jesus in unsere dunkle Welt gekommen ist. Und manchmal scheint es, als wäre das Licht Jesu gar nicht zu erkennen. Als wäre die Dunkelheit übermächtig. Der biblische Spruch für den Monat Dezember verstärkt das Licht von Weihnachten: „Jauchzet, ihr Himmel, freue dich, Erde! Lobet ihr Berge, mit Jauchzen! Denn der Herr hat sein Volk getröstet und erbarmt sich seiner Elenden.“

Die Freude über das Licht vom Kommen des Messias in Jesus ist so groß, dass Himmel, Erde und Berge jauchzen sollen. Für uns sind solche Vorstellungen weniger denkbar. Und Jauchzen, also außer sich sein vor Freude, geht das überhaupt angesichts des Elends? Angesichts der sozialen Probleme, nicht nur der Flüchtlinge, die ihre Heimat verlassen haben, um sicher leben zu können?
Die Freude hat ihren Grund in Gottes Handeln, nicht in dem, was wir zu hoffen oder zu glauben vermögen. Gottes Handeln für uns Menschen bringt das Licht, er ist Grund zur Freude, nicht nur in den nächsten Wochen. Die Freude über Gott kann uns tragen, auch durch Dunkelheiten und Tiefen hindurch.

Zum Nachlesen in der Bibel: Jesaja Kapitel 49, Vers 13

Urlaubsgedanken

Endlich sind die Sommerferien da! Das lange Schuljahr ist zu Ende, der Sommer kann kommen. Für viele Familien beginnt jetzt die Urlaubszeit. Allerdings – nach dem Wetter der letzten Wochen ist gar nicht deutlich, worauf wir hoffen können: wird es noch einen Sommer geben, für die, die nicht ins Ausland fahren? Es müssen nicht unbedingt über 30° C sein, aber so warm, dass man abends noch einige Stunden draußen sitzen kann, unter dem Sternenhimmel. Schließlich sehnen sich viele nach einer längeren Pause der Entspannung und Abwechslung für Körper, Seele und Geist.

Mit jedem Urlaub – ob unterwegs oder zuhause – haben wir Zeit für Erfahrungen in der Natur. Wie wäre es mit einem ausgedehnten Spaziergang oder einer Wanderung draußen in der Natur? Um ins Staunen über Schönheiten der Schöpfung Gottes kommen zu können. Das kann der Wind an der See sein oder alte Bäume im Wald oder Wellen, die unaufhörlich am Strand auflaufen. Oder ein grandioser Panoramablick in den Bergen. All das und viel mehr lädt ein zum Staunen über die Schöpfung. All das macht Spuren Gottes sichtbar. Wie schon Menschen im Alten Testament es beschrieben haben: „Die Himmel erzählen die Ehre Gottes.“

In der Natur ist nicht alles schön und positiv, es gilt schließlich das Gesetz des Stärkeren. Raubtiere finden ihre Beute. Wir geraten nicht nur ins Staunen, sondern können auch Zweifel über die Schönheit der Schöpfung bekommen. Auch diese Seite gehört zur Schöpfung Gottes.

Ferien und Urlaub geben uns Zeit für die Schöpfung und eröffnen so Möglichkeiten zur Begegnung mit Gott und für das Gebet. Und wir können für die nächsten Monate innerlich auftanken, in der Schule und im Beruf. Ferien und Urlaub werden so zum Segen für uns, zur Erholung an Leib und Seele - und wir haben die Chance, einige Gottes Spuren zu entdecken.

Zum Nachlesen in der Bibel: Psalm 19, Vers 1

„Groß sind die Werke des Herrn. Kostbar allen, die sich an ihnen freuen."

Klingen diese Worte nicht wie Hohn, wenn wir an die gegenwärtige Diskussion über Klimaveränderung denken? Können wir da freuen?

Sicher, der Psalmbeter vor rund 2.500 Jahren kannte noch kein Klimamodell. Aber ihm darum Dummheit oder Naivität zu unterstellen, wäre gemein und sachlich nicht zu rechtfertigen. Schließlich beruht unser heutiges Wissen in großem Maß auf den Forschungen der Babylonier und anderer Völker des Orients gerade zu der Zeit, in der dieses Psalmwort aufgeschrieben worden ist. Es geht also nicht um das Wetter oder um Probleme in der Natur, nicht um das Naturgesetz, nach der Stärkere den Schwächeren besiegt. Also „Fressen und Gefressenwerden".

Hinter diesen Worten steht etwas ganz anderes: der Blick durch die Schöpfung hindurch. Und das setzt voraus, dass ich die Schöpfung unmittelbar wahrnehme, nicht durch TV oder Internet. Also: nach draußen, in die Natur. Das Blühen und Heranreifen von Früchten anschauen, auf die Stimmen der Vögel achten. Und neben den verschwenderischen Farben auch die besonderen Gerüche wahrnehmen.

Es geht darum, zu entdecken, wie schön das Leben sein kann - jenseits aller Pflichten und Verantwortung, jenseits von Belastungen und Problemen. Die Natur öffnet uns ganz andere Blicke auf das Leben - und auf Gott. Der Blick in die Schöpfung lehrt uns, dass das Leben – auch unser Leben – Geschenk ist, ein Geschenk Gottes.

Und damit kann das Staunen über Gott einsetzen, denn als wir auf die Erde kamen, das Licht der Welt erblickten, da war schon alles da. Der Blick in die Natur kann uns zum Staunen über Gott führen - wenn wir das wollen.

Jenseits aller Probleme mit der Schöpfung können wir uns so über Gott freuen. So wird uns die Schöpfung kostbarer. Und alles Reden über Klimaschutz muss zu Konsequenzen für das eigene Verhalten werden. Nicht als Zwang, aber als Folge des Staunens über Gott.

Schauen Sie genau hin. So können Sie in ein Staunen über Gott kommen.

Zum Nachlesen in der Bibel: Psalm 111, Vers 2

Den Tod verdrängt

Der Alltag hat den Tod schon wieder verdrängt, nicht nur im Fußball. Die Nachrichten haben den Suizid von Robert Enke von allen Seiten beleuchtet – er ist damit nicht verständlicher geworden. Fragen bleiben, vor allem eine: Warum hat er Hilfsangebote abgelehnt? Weil Depressionen in unserer Gesellschaft als Schwäche gelten und nicht als wirkliche Krankheit?

Dann kann ich nur hoffen, dass das Thema „Depressionen" noch eine Zeit lang in der Diskussion bleibt. Schließlich gibt es Hilfsmöglichkeiten für Menschen, die in ihrer Depression keinen Weg mehr sehen. Es gibt andere Wege als den in einen selbstgewählten Tod.

Der Suizid von Robert Enke hat den Tod öffentlich gemacht. Darum ist wohl die Betroffenheit, die Trauer so groß, auch von vielen, die ihn nicht persönlich gekannt haben. Die Trauerfeier in der AWD-Arena wirkte wie eine große Inszenierung. Die Tränen der Trauer waren mit Sicherheit echt. Tausende haben getrauert. Und das in diesen grauen Tagen kurz vor dem Totensonntag.

Tod und Trauer sind normalerweise persönlich und damit verborgen, obwohl doch jeder Mensch einmal sterben muss. Wir müssen uns mit dem Tod auseinander setzen, uns damit beschäftigen, dass unser Leben endlich ist, um nicht zu stolz zu werden.

Die christliche Hoffnung zeigt einen Weg in die Zukunft, nämlich die Hoffnung, dass Gott uns Menschen sieht, auch in unserer Endlichkeit. Er würdigt uns und schenkt Hoffnung auf Auferstehung, Hoffnung auf Leben bei ihm.

Dieser Ausblick ist unübertroffen im letzten Buch der Bibel beschrieben: „der Tod wird nicht mehr sein, noch Leid noch Geschrei noch Schmerz wird mehr sein."

Mit dieser Hoffnung können wir leben, ohne in Angst auf unsere Endlichkeit starren zu müssen. Wir können fröhlich leben und unsere Verantwortung wahrnehmen.

Zum Nachlesen in der Bibel: Offenbarung Kapitel 21, Vers 4

Farbenpracht und Passion

Wie erleben Sie die Karnevalszeit? Schauen Sie farbenprächtigen Umzügen zu, erleben Sie prächtige Maskeraden? Oder sind Sie sogar selbst aktiv geworden und haben mitgefeiert, verkleidet natürlich? Selbst in manchen Orten unseres Bundeslandes gibt es Möglichkeiten, an Umzügen mitzuwirken. Und es kann einen enormen Spaß machen, sich zu verkleiden und so in eine andere Rolle zu schlüpfen. Als ich vor einigen Jahren an einer Fortbildung im Rheinland teilnahm, wurde ich zu einer mehrstündigen Prunksitzung zur Weiberfastnacht eingeladen. Dabei sind mir nicht nur Ähnlichkeiten mit unseren Schützenfesten aufgefallen, sondern auch, wie ernst und anstrengend der Karneval sein kann. Karneval feiern ist offensichtlich nicht nur eine fröhliche und witzige Angelegenheit, sondern für viele (auch) eine gesellschaftliche Verpflichtung. Für aktive Karnevalisten können die Tage bis Aschermittwoch sehr anstrengend sein, von einer Festsitzung zur anderen und dazu noch mehrere Umzüge über etliche Kilometer Streckenlänge.

Dabei führt die Karnevalszeit in die Passionszeit hinein, in die Erinnerung an das Leiden Jesu Christi. Da geht es nicht mehr um Feiern und Fröhlichkeit, sondern darum, auch die Tiefen des Lebens wahrzunehmen. Es ist natürlich, Leiden nicht zu mögen. Aber wer seine augenblickliche Situation als belastend oder sogar ausweglos empfindet, kann den Weg Jesu in das Leiden als Hilfe erleben. Das „Warum“ des eigenen Lebensweges kann in das „Warum“ Jesu am Kreuz einmünden und damit leichter werden. Damit sollen humorvolle oder angenehme Seiten des Lebens nicht abgewertet werden, auch nicht Bräuche der Karnevalszeit. Es geht um Hilfe in schweren Lebenslagen, um Hoffnung in der Tiefe: da ist Gott auch da.

Zum Nachlesen in der Bibel: Psalm 139, Vers 5

Wer liest schon in der Bibel?

„Lesen Sie wirklich in der Bibel – für sich persönlich? Das kann ich mir nicht vorstellen!“ So drückte ein Konfirmand vor einiger Zeit seine Verwunderung über mich aus. Ich hatte gesagt: „Ich lese für mich persönlich in der Bibel, so gut wie jeden Tag. Die Bibel ist für mich kein Geschichtsbuch, sondern eine Kraftquelle für meinen Alltag.“

Wo erleben Konfirmandinnen und Konfirmanden die Bibel? Im Gottesdienst, in der Konfirmandenzeit und manchmal auch in der Schule. Darüber hinaus dürfte die Bibel kaum eine Rolle spielen.

Suchen nicht viele Menschen nach Quellen innerer Kraft? In Büchern, speziellen Kursen und Übungen, und was sich sonst dafür anbietet. Dabei ist die Bibel schon seit Jahrhunderten als Kraftquelle bewährt. Viele haben daraus Kraft für ihr Leben geschöpft.

Wer die Bibel in die Hand nimmt, erlebt ein gewichtiges Buch mit vielen Seiten. Und eine der ersten Fragen lautet: „Wo soll ich anfangen, die Bibel zu lesen?“ Es gibt Tipps: im Neuen Testament beginnen, mit dem Lesen der Evangelien, den Geschichten von Jesus. Oder Erklärungen zu den Bibeltexten benutzen, zusammen mit einem Leseplan. Eigentlich müsste jede Buchhandlung, die Bibeln verkauft, auch solche Hilfe anbieten können. Für das Lesen der Bibel gibt es viele Wege - und das finde ich spannend.

Jede und jeder kann so erleben, wie Worte der Bibel Leben in sich tragen und Mut machen. Wie sie Wege zeigen, Gott zu vertrauen und zu beten.

Spannend kann es werden, die Bibel und Tageszeitung sozusagen nebeneinander lesen. Nicht selten werden aktuelle Meldungen von Bibelworten relativiert. Das persönliche Lesen der Bibel kann so viel mehr als eine Kraftquelle sein, es bietet Orientierung für das eigene Leben.

Nikolaus

Heilige sind in der katholischen Tradition immer an einem Attribut zu erkennen. Petrus trägt fast immer einen Schlüssel. Und Nikolaus ist an einem Kind zu erkennen, das zu ihm aufblickt oder sich an seine Knie lehnt.

Das ist schon etwas Besonderes. Denn Kinder hatten in der Zeit, in der Nikolaus Bischof von Myra gewesen sein soll, am Anfang des vierten Jahrhunderts, keinen besonderen Stellenwert. Sie konnten zwar schon arbeiten, aber brachten noch nicht die Leistung eines Erwachsenen. Sie waren noch nicht erwachsen. Sich Kindern zuzuwenden, galt damals eher als ungewöhnlich.

Bischof einer kleinen Stadt, das war in der frühen Christenheit ein Mann, der einer großen Christengemeinde vorstand und für sie Verantwortung übernahm. Wer zum Bischof berufen wurde, musste eine besondere Autorität besitzen.

Historisch fassbar ist äußerst wenig: In der Überlieferung vermischen sich mehrere Personen mit dem Namen Nikolaus. Nikolaus, der Kinderfreund, soll zwischen 270 und 286 in Patara zur Welt gekommen sein. Er sei mit 19 Jahren von seinem Onkel, ebenfalls Nikolaus mit Namen Nikolaus und Bischof von Myra, zum Priester geweiht worden sein. Nikolaus sei dann Abt des Klosters Sion in der Nähe von Myra geworden.

Während einer Christenverfolgung soll er 310 verhaftet und gefoltert worden sein. Später soll er am Konzil von Nizäa teilgenommen haben. Allerdings fehlt sein Name auf der unvollständigen Teilnehmerliste. Als sein Todestag wird der 6. Dezember überliefert, allerdings mit völlig unterschiedlichen Jahresangaben: 326, 345, 351 oder 365.

Im Laufe der Jahrhunderte rankten sich etliche Legenden um das Leben des Nikolaus. Eine der bekanntesten ist die Legende von der Hilfe in einer Hungersnot. Die Bewohner der Stadt Myra und ihr Umland erlebten eine ausgedehnte Hungersnot. Bischof Nikolaus erfuhr, dass ein Schiff mit Getreide im Hafen lag. Das Getreide sei für den Kaiser in Byzanz bestimmt. Er bat die Seeleute, wenigstens einen Teil des Getreides auszuladen, um in der Not zu helfen. Dafür gab er ihnen wertvolle Leuchter und andere Gegenstände aus dem Kirchenschatz. Als die Seeleute in Byzanz ankamen, stellten sie verwundert fest, dass sich das Gewicht der Ladung trotz der entnommenen Menge nicht verändert hatte. Das in Myra ausgeladene Getreide reichte für längere Zeit – die Hungersnot hat ein Ende.

Wenn nun heute in unserem Land Nikolaus nicht mehr so wichtig ist, dann haben wir das Martin Luther zu verdanken, dem es gelang, die Geschenke vom Nikolaustag auf den Abend vor dem Weihnachtsfest zu verschieben. Nicht Nikolaus, sondern das Christkind bringt Geschenke.

Andere beschenken, das können wir von Nikolaus lernen. Unser Leben für Menschen in unserer Nähe einsetzen, ohne selbst unser Leben hinzugeben.

Klug werden

Dunkle Tage gehören zu dieser Zeit, Regen und abnehmende Temperaturen sowieso. Mit dem fallenden Laub werden wir Menschen ungefragt an Sterben und Tod erinnert. Dabei wollen wir doch leben und fröhlich sein! Leider lassen sich Sterben und Tod nur begrenzt verdrängen. Wir müssen uns Fragen nach dem Nachlassen der Kräfte und dem Ende des Lebens stellen.

Manche weigern sich, an Beerdigungen teilzunehmen. Verständlich, was ist schon an einer Beerdigung angenehm? Man geht, weil man eine innere Verpflichtung spürt. Oder weil es wichtig für den eigenen Abschied von der gestorbenen Person zu sein scheint.

Der eine oder andere Abschied geht tiefer und kostet Kraft. Schließlich ist jeder Abschied mit Loslassen verbunden. Manche halten noch Jahre nach dem Tod eines geliebten Menschen an ihm fest. Sie können oder wollen nicht akzeptieren, dass nun ein neuer Lebensabschnitt begonnen hat.

An Sterben und Tod erinnert zu werden, passt nicht in diese Welt, in der fast alles machbar und käuflich erscheint. Und Grenzen für uns Menschen gibt es kaum noch - der Tod ist geblieben. Vielleicht schieben wir darum den Tod so weit weg, als ob er uns nicht betreffen könnte. Sollten wir es nicht besser machen: einsehen, dass auch unser Leben begrenzt ist? Wir sollen ja nicht ständig daran denken. Wir sollen nur Realisten werden. Und wer dabei Gott vertraut, kann bei ihm einen Halt finden, der auch den Tod aushält.

So ist das schon in der Bibel ausgedrückt: „Lehre uns bedenken, dass wir sterben müssen, auf das wir klug werden." Der Psalm beginnt mit den Worten „Herr, du bist unsere Zuflucht für und für."

Mit dieser Hoffnung können wir uns Gedanken an Sterben und Tod aussetzen. So können wir bedenken, dass wir sterben müssen und klug werden. Er, Gott, will unsere Zuflucht sein, unsere Quelle und unser Ziel.

Zum Nachlesen in der Bibel: Psalm 90, Verse 1 und 12

Geld gibt keinen Halt

Die Bankenkrise im Herbst 2008 hat allen bewusst gemacht, dass auf Geld kein Verlass ist. Und die Ereignisse und Entscheidungen in den Wochen danach haben diese Erkenntnis untermauert: es ist gut, Geld zu haben. Aber verlassen kann sich niemand darauf. Die Ereignisse in Griechenland sind womöglich nur ein Vorgeschmack auf das, was uns auch erwarten könnte. Die Krise ist nicht vorbei, und bisher haben alle Staaten nur weitere Schulden aufgehäuft.

Natürlich brauchen wir Geld zum Leben, auch in den Kirchen. Das wird in jedem Gottesdienst an der Kollekte sichtbar, geht aber viel tiefer. Die Personalkosten unserer Landeskirche liegen bei rund 80 % der Gesamtausgaben im Jahr. Ohne Personal geht es nicht, folglich auch nicht ohne Geld. Selbst die vielen ehrenamtlich Mitarbeitenden benötigen Menschen, die sie schulen und begleiten. Es geht eben nicht alles ehrenamtlich.

Das war in den Anfängen der Christenheit anders, weil die Gemeinden in der Regel sehr klein und überschaubar waren. Geld war nur wichtig, um diejenigen zu versorgen, die nicht für sich selbst sorgen konnten.

Das Entscheidende war der Geist Gottes. Darum markiert die Ausgießung des Heiligen Geistes den Geburtstag der christlichen Gemeinde. Der Geist Gottes war und ist immer ein Geschenk, darum dieses ansonsten ungebräuchliche Wort „Ausgießung“. Es bedeutet: niemand kann über den Geist Gottes verfügen. Und doch brauchen wir Menschen den Heiligen Geist, um etwas von Gott zu erfassen, um ihm vertrauen zu können.

Das Pfingstfest erinnert daran, dass wir uns auf Gott und seinen Geist verlassen können und sollen. Der Geist Gottes ist keine wirkliche Alternative zum Geld, ist aber auch in der Krise verlässlich.

Zum Nachlesen in der Bibel: Apostelgeschichte des Lukas Kapitel 2

Vatertag

Vor uns allen liegt nun ein langes Wochenende. Es beginnt mit einem Feiertag, mit dem viele kaum noch etwas anfangen können. „Christi Himmelfahrt“ ist ein Feiertag, der seit vielen Jahrhunderten an den Abschied Jesu von seinen Freunden erinnert. Beim Stichwort „Himmelfahrt“ mögen viele an Raumfahrt denken. Damit wird die sogenannte Himmelfahrt Jesu schnell in das Reich der Märchen verwiesen. Dabei geht es nicht direkt um den Weg Jesu in den Himmel.

Das Glaubenszeugnis des Evangelisten Lukas spricht nicht sehr anschaulich von der Himmelfahrt Jesu. Es geht darum, was Christi Himmelfahrt bedeutet: Jesus ist Herr. Er ist mehr als nur ein gutes Vorbild der Liebe, er ist mehr als der Jesus, der am Kreuz gestorben ist und sich für die Menschen hingegeben hat. Jesus ist Herr über die ganze Welt. Darum fristet dieser Feiertag fälschlicherweise ein Nischendasein – er betont die Botschaft von Ostern: Jesus ist auferstanden, er ist der Herr.

Auch wenn „Christi Himmelfahrt“ dazu einlädt, Gottesdienst im Grünen zu feiern, steht doch nicht die Freude über die Natur im Vordergrund. Im Mittelpunkt steht die Botschaft, dass Jesus die Fäden dieser Welt in seinen Händen hat.

Dieser Tag ist also viel mehr als nur „Vatertag“. Das heißt, man kann diesen Tag auch in einem anderen Sinn als „Vatertag“ verstehen, als den Tag, an dem Christen daran denken, dass Jesus zum Vater gegangen ist.

Auf jeden Fall ist dieser Feiertag etwas völlig anderes als der Vatertag mit Bierkisten im Handwagen und was sonst dazu gehören mag.

Christi Himmelfahrt bedeutet: Jesus ist Herr - auch in einer wirtschaftlich unsicheren Zeit. Der christliche Glaube ist nicht nur etwas für gute Tage, sondern gerade für unübersichtliche Zeiten. Das ist die frohe Botschaft für jeden Tag: Jesus ist für uns da, an jedem Tag.

Zum Nachlesen in der Bibel: Evangelium nach Lukas Kapitel 24, Vers 50 bis 53;
Apostelgeschichte des Lukas Kapitel 1, Verse 6 bis 11

Notfallseelsorge – Hilfe zum Leben

In den Berichten über den Tod einer jungen Mutter, die Ostern auf der A29 bei Oldenburg i.O. von einem Holzklotz getroffen worden war, wurde die Notfallseelsorge erwähnt, als Hilfe für den Ehemann und die beiden Kinder, die dieses Unglück miterlebt haben.

Notfallseelsorge ist seelsorgerliche Begleitung in Notfällen: da ist jemand, der zuhören und helfen kann, die schrecklichen Eindrücke zu sammeln und zu sortieren. In manchen Situationen ist das kurz nach dem Geschehen noch gar nicht möglich. Dann geht es darum, das Weinen und Schreien zuzulassen und Beistand zu leisten. Es kann sein, dass praktische Hinweise gefragt sind, was zu tun ist, wenn ein Familienmitglied plötzlich verstorben ist.

Notfallseelsorge muss also schnell erreichbar sein. In der Regel wird die diensthabende Notfallseelsorgerin / der diensthabende Notfallseelsorger von der Rettungsleitstelle alarmiert. Diese Person versucht dann, einen örtlichen Ansprechpartner zu finden. Gelingt das nicht, dann bedeutet das, selbst zu den Betroffenen zu fahren.

Der Dienst der Notfallseelsorge ist für die Betroffenen kostenlos, Fahrtkosten, Ausrüstung und Kosten für die Fortbildung werden aus Kirchensteuern finanziert. Die Mitarbeit in der Notfallseelsorge geschieht in der Regel ehrenamtlich, mittlerweile sind das nicht nur Pastoren und Pastorinnen sowie Diakoninnen und Diakone, sondern Menschen mit anderen Berufen, die dafür eine Zusatzausbildung gemacht haben.

Notfallsituationen sind u.a. das Überbringen einer Todesnachricht (zusammen mit Polizeibeamten) oder die Betreuung nach einem plötzlichen Todesfall zu Hause. Es können aber auch andere Situationen sein, wie Betreuung nach einem Wohnungsbrand oder nach Suizidversuch.

Ein anderer Bereich sind Gespräche mit Einsatzkräften nach belastenden Einsätzen, in erster Linie mit freiwilligen Feuerwehrleuten.

Immer geht es darum, wieder einen Weg zum Leben zu finden, in einen geordneten Alltag. Schließlich steht das Leben im Vordergrund. Das wird besonders Ostern deutlich, wenn es um die Auferstehung Jesu Christi von den Toten geht, die jedes menschliche Denken sprengt. Dennoch ist die Auferstehung Jesu, sein Sieg über den Tod, eine Hoffnung, die über den Tod hinaus trägt. So wie Jesus es versprochen hat: „Ich lebe und ihr sollt auch leben." Von der Auferstehung Jesu her ist es leichter möglich, dem Tod zu begegnen, besonders in seiner plötzlichen Form.

Zum Nachlesen in der Bibel: Evangelium nach Johannes Kapitel 14, Vers 19

Barmherzig?

Die Nachricht hat damals viele schockiert: vor einigen Jahren wurde in München ein 50-jähriger Mann von Jugendlichen tödlich zusammengeschlagen, weil er Kinder vor eben diesen Jugendlichen schützen wollte. Ein Sieg der Gewalt über Zivilcourage? In diesem Fall wohl. Aber unsere Gesellschaft braucht weiter Menschen, die sich beherzt gewaltbereiten Menschen entgegenstellen. Nicht selbst mit Gewalt, aber entschieden und mutig. Hinschauen statt Weggucken! Zivilcourage bleibt gefragt, verbunden mit Barmherzigkeit.

Vor einigen Jahren wurde in einem Erste-Hilfe-Lehrgang gefragt: Womit beginnt erste Hilfe? Im Kurs haben wir intensiv diskutiert. Bis der Ausbilder auf den einfachen ersten Schritt hinwies: Hinschauen. Die Situation, in der geholfen werden muss, überblicken. Und dann entscheiden, was man selbst tun kann und muss.

In einer Bedrohungssituation bleiben für das Hinschauen, Überlegen und Einschreiten nur Sekunden. Und die eigene Sicherheit muss an erster Stelle stehen - mit dem Risiko, dass ich auf etwas Sicherheit verzichten muss, um anderen zu helfen, im Extremfall womöglich mit dem Risiko, das eigene Leben einzusetzen - das gilt insbesondere für Einsatzkräfte wie Polizeibeamte und Feuerwehrleute.

Ein geradezu klassischer Text dazu ist das Gleichnis vom barmherzigen Samariter. Jesus hat darin gezeigt, wer der Mensch ist, um den wir uns kümmern sollen: der, der unsere Hilfe braucht. Der Samariter, der den überfallenen Mann sieht, kümmert sich um ihn, obwohl noch Räuber in der Nähe sein könnten. Er bringt den Verletzten in eine Herberge und lässt ihn dort pflegen.

Für mich ist dieses Gleichnis u.a. ein Beispiel dafür, dass es nicht so sehr auf die Heldentaten einzelner ankommt, sondern um die gemeinsame Hilfe.

Gewalt war schon immer stark – aber das Eintreten gegen Gewalt darf nicht aufhören.

Zum Nachlesen in der Bibel: Evangelium nach Lukas Kapitel 10, Verse 30 bis 37

Freiwillig verzichten?

Wie Sie reich werden können: entsprechende Ratschläge werden gern gelesen. Ähnliches gilt für Wege zum Glück. Im Buchhandel gibt es ein reiches Sortiment von Büchern zu Fragen über Glück oder zu Sinnfragen des Lebens.

Andere Themen haben es wesentlich schwerer. Zum Beispiel freiwilliger Verzicht. Zum Verzicht gezwungen sein ist schwer genug: z.B. um der Gesundheit willen eine Diät einhalten; auf Dinge verzichten müssen, die man gern isst.

Wenn schon der erzwungene Verzicht Mühe bereitet, wozu soll ich dann freiwillig verzichten? Davon habe ich doch nichts! Und wenn ich wirklich freiwillig verzichten sollte, dann könnte doch jemand kommen und sagen: Wenn du jetzt verzichten kannst, dann kannst Du das doch für immer!

Vor einigen Tagen hat die diesjährige Aktion „Sieben Wochen ohne“ begonnen. Es geht darum, freiwillig auf etwas zu verzichten und damit bewusster zu leben. Beispielsweise für einige Zeit - bis Ostern oder darüber hinaus - auf Salzgebäck verzichten oder auf Schokolade oder auf Alkohol oder auf die private Nutzung des Internets oder andersherum Zeit für andere Menschen einsetzen. Es geht nicht darum, anderen zu zeigen, wie toll man verzichten kann.

Freiwilliger Verzicht macht nicht ärmer, sondern reicher: das Leben neu entdecken, bewusster zu leben. Freiwilliger Verzicht ist nicht unbedingt ein Weg zum Glück, kann aber sehr bereichern. Im Verzicht entdecke ich den Wert dessen, auf das ich gerade verzichte und freue mich auf das Ende des Verzichts. Wie gut, dass der freiwillige Verzicht eine freiwillige Angelegenheit ist, kein verordneter Zwang. Ich kann das Leben entdecken. In den letzten Jahren haben über 2 Millionen Menschen in unserem Land bei der Aktion „Sieben Wochen ohne“ mitgemacht und das Leben neu entdeckt. Entdecken Sie mit!

Das Unmögliche denken

Ein Absturz der Schwebebahn in Wuppertal ist unmöglich – so hieß es immer. Am 12. April 1999 fanden sechs Menschen den Tod, als infolge von Schlamperei nach Bauarbeiten ein Wagen der Schwebebahn abstürzte. Weil sich niemand – auch Einsatzkräfte nicht – ein solches Unglück vorstellen konnte, dauerte es mehr als eine halbe Stunde, bis mit der Menschenrettung begonnen werden konnte. Schließlich waren die ersten Notrufe nicht ernst genommen worden.

Das scheinbar Unmögliche denken lernen, ist eine Daueraufgabe von Einsatzkräften, um auf Unglücke schneller reagieren zu können. Nur so kann die Wirklichkeit angemessen wahrgenommen werden.

Ähnlich gilt das auch für die Botschaft von der Auferstehung Jesu. „Mir fällt es schwer, zu glauben, dass Jesus auferstanden ist", sagte mir einmal ein Jugendlicher. Manche meinen, der Glaube an die Auferstehung müsse den Menschen in der Zeit Jesu viel leichter gefallen sein. Doch wer in den Evangelien nachliest, wird auf Fragen und Zweifel stoßen. Die Auferstehung erscheint für das menschliche Denken unmöglich. Schließlich ist Auferstehung im biblischen Sinn keine Reinkarnation, sondern ein Leben in ganz anderen Dimensionen, über Raum und Zeit hinaus, ein Leben bei Gott. Zugang zur Auferstehung erhalten wir im Gebet, im Vertrauen auf Gott.

Realistisch leben bedeutet demnach, offen zu werden für das Unmögliche, sowohl für Katastrophen wie für die Auferstehung Jesu. Und die Botschaft ernstnehmen – auch die von der Auferstehung Jesu. Dabei bietet die Auferstehung eine Ahnung von der Welt Gottes: ohne Tod, ohne Tränen, ohne Leid. Offen werden für das scheinbar Unmögliche – damit das Leben siegt und der Tod nicht mehr verdrängt werden muss!

Zum Nachlesen in der Bibel: Evangelium nach Markus Kapitel 16, Vers 9 bis 14

Hobby Feuerwehr

Feuerwehr – ein Hobby für Männer und Frauen, die gern mit roten Autos und Blaulicht spielen? Doch ernsthaft: wessen Hobby kann es schon sein, Verletzte aus Unfallfahrzeugen zu schneiden, Leichen zu bergen oder sich in Lebensgefahr zu begeben? Und das alles noch freiwillig? Dienst in der Feuerwehr, anderen in Notlagen helfen, kann nur Berufung sein.

Wenn bei Einsätzen in Baustellen auf Autobahnen statt einer Anfahrtszeit von 5 Minuten 20 Minuten und mehr benötigt werden, ist das ein Skandal.

Und das nicht nur, wenn keine Rettungsgasse für die Einsatzkräfte freigehalten wird, sondern weil Schaulustige die Anfahrt behindern.

Dabei ist eine längere Wartezeit nicht nur für die Betroffenen schwierig, die sich selbst nicht helfen können, weil sie eingeklemmt und verletzt sind. Eine solche Situation belastet ebenso hochmotivierte Einsatzkräfte. Es ist belastend, nicht so helfen zu können, wie man eigentlich möchte und können müsste. Und dann immer wieder ähnliche Bilder: LKW-Fahrer eingeklemmt, langwierige Rettungsarbeiten, (Schwer-) Verletzte.

Dazu kommt, dass viele Arbeitgeber zwar Verständnis für das Engagement ihrer Mitarbeiter in der Feuerwehr zeigen, aber wenn es in einer Woche mehrere Einsätze von jeweils mehreren Stunden Dauer gibt, wird auch die größte Geduld auf die Probe gestellt.

Es tut unserer Gesellschaft gut, wenn freiwillige Einsatzkräfte in ihrem Einsatz anerkannt werden – nicht nur in Reden von Politikern, sondern ebenso im täglichen Verhalten von uns allen. Das zeigt sich vor allem in der eigenen Fahrweise, egal ob im PKW oder im LKW: bei Stau eine Rettungsgasse bilden, und die Rettungsarbeiten auf keinen Fall behindern! Sie können noch mehr tun: Die Feuerwehren benötigen aktive Unterstützung in Form neuer Mitglieder. So können alle die Arbeit derer unterstützen, die für unser aller Wohl nicht selten ihr Leben aufs Spiel setzen!

Eschede

Das Gedenken an das ICE-Unglück in Eschede vor zehn Jahren (2008) ist vorbei. Manche denken (und sagen): So etwas muss doch mal vorbei sein! Das Unglück ist lange genug her! Heilt die Zeit nicht Wunden?

Wer jemals mit Betroffenen eines solchen schweren Unglücks gesprochen hat, wird das Gegenteil wahrgenommen haben. Denn wer in einem solchen Unglück ein Kind, ein Elternteil oder einen Partner verloren hat, muss damit das ganze Leben lang umgehen. Wohl bringt die Zeit Abstand, aber die Wunden bleiben und die Schmerzen auch.

In Eschede mussten Helfer erleben, dass sie nicht oder nur wenig helfen konnten. Als Helfer nicht helfen können – das belastet extrem. Und beides war schlimm: zuerst die Schreie um Hilfe, später Stille, als niemand mehr schreien konnte. Manche Helfer haben bis heute mit ihren Eindrücken von damals zu tun.

Darum ist das Gedenken an dieses Unglück so wichtig, für die Betroffenen wie für die Helfer und für die Öffentlichkeit.

Mit dem Unglück in Eschede wurde die Arbeit der Notfallseelsorge in den Blickpunkt der Medien gerückt. Viele haben erst durch dieses Unglück vom Wirken der Notfallseelsorge erfahren. Dabei gibt es seelsorgerlichen Beistand für Menschen in plötzlichen Notsituationen schon länger. Das Unglück in Eschede hat dazu beigetragen, dass inzwischen flächendeckend Bereitschaftssysteme der Notfallseelsorge entstanden sind, um an jedem Ort und rund um die Uhr Betroffenen wie Helfern in einer Notsituation beistehen zu können.

Die Erinnerung an solche Unglücke wie in Eschede können eine Hilfe zur Bewältigung sein. Darum ist das Gedenken wichtig – nicht nur, um Medien zu bedienen. Und schließlich kann das Gedenken auch in einen Ruf an Gott münden: „Gedenke, Herr, an deine Barmherzigkeit."

Zum Nachlesen in der Bibel: Psalm 25, Vers 6

Neues zieht Blicke auf sich

Ein neues Auto, neue Möbel, eine neue Arbeitsstelle. In uns Menschen lebt eine Sehnsucht nach Neuem, irgendwann erscheint das Gewohnte alt, wie ausgetretene Sandalen. Endlich wieder etwas Anderes, etwas Neues erleben! Abwechslung, schöner, bequemer, angenehmer!

Neues erwarten schließt die Bereitschaft zur Veränderung mit ein: wir Menschen müssen uns auf das Neue einstellen, und das kann durchaus unbequem sein. Wem das Neue zu viel wird, sucht Halt in vertrautem Verhaltensweisen.

In Forschung und Entwicklung geht es um das Neue, um den Fortschritt. In Massenmedien erfahren wir Tag für Tag Neuigkeiten.

Doch was ist wirklich neu?

In den Worten aus der Bibel für das Jahr 2007 steht das Neue im Vordergrund, das Neue, das Gott bewirkt: „Siehe, ich will ein Neues schaffen, jetzt wächst es auf, erkennt ihr's denn nicht?“ Männer und Frauen aus Israel waren (um 590 v. Chr.) nach Babylon verschleppt worden. Sie hatten alles verloren - außer ihrem Leben: ihre Heimat, ihre Häuser, ihre Arbeit. Der Prophet zeigt ihnen: Gott ist schon längst tätig geworden. Im Zusammenbruch hat er Neues werden lassen. Zu sehen ist davon aber noch nichts.

Wir dagegen leben in relativ gesicherten Verhältnissen. Und doch ist am Anfang eines neuen Jahres vieles offen. Wir fragen, wie dieses Jahr werden wird.

Gott wird auch im neuen Jahr Neues wachsen lassen. Gott schafft neu, gerade in Situationen, in denen nichts mehr zu hoffen ist. Er macht einen Neuanfang möglich. Bitten wir ihn um aufmerksame Augen des Herzens. Dann können wir über ihn staunen.

Zum Nachlesen in der Bibel: Jesaja Kapitel 43, Vers 19a

Worte

Worte gehören zum Leben. Schnell sind sie ausgesprochen, und nur manchmal denken wir daran, was sie bewirken können. Worte können helfen, Vertrauen aufbauen. Sie können ebenso langweilen und überflüssig sein und verletzen nicht selten. So schön eine Liebeserklärung ist, so hart ist eine Kündigung oder eine Todesnachricht. Wir leben davon, dass wir Worte austauschen können. Dabei lassen sich Missverständnisse nicht immer ausschließen. Wir geben und entnehmen Worten bestimmte Bedeutungen, die andere eventuell nicht teilen.

Worte können zerstören, ebenso können sie aufbauen und zum Leben helfen. Neben den vielen eher unwichtigen Worten gibt es auch solche, die andere tief anrühren. Es gibt Texte, die mit jedem Lesen tiefer werden, die Menschen in der Tiefe erreichen und ansprechen. Solche Worte sind wohl gemeint, wenn es in der Bibel beim Propheten Jeremia heißt: „Ist mein Wort nicht wie ein Feuer, spricht der HERR, und wie ein Hammer, der Felsen zerschmeißt?"

Worte können wie Feuer sein, das zerstört, aber auch Metalle reinigt und härtet. Feuer bezeichnet etwas von der Dimension Gottes, von seiner Andersartigkeit. Es hält uns Menschen auf Distanz.

Das andere Bild ist unseren Möglichkeiten näher: Felsen sind hart, aber mit Sprengstoff sind sie heute zu zertrümmern. Das Bild ist uns vielleicht näher, aber die Bedeutung eher weniger: Worte, die so stark sind, dass sie Felsen zerstören? Worte von solcher Kraft werden von uns Menschen kaum erwünscht, noch weniger erwartet.

Worte sind nicht beliebig, sie sind nie ohne Wirkung. Jesus wurde wegen seiner Worte von anderen beneidet. Tausende hörten ihm zu, wenn er Gott mit einem liebenden Vater verglich. Oder mit einem Bauern, der seine Saat säte und auf eine gute Ernte wartete. Oder wie ein Kaufmann, der wegen einer kostbaren Perle seinen ganzen Besitz verkaufte. Seine Worte haben Kraft, Leben zu verändern.

Zum Nachlesen in der Bibel: Jeremia Kapitel 23, Vers 29

Was ist von Weihnachten geblieben?

Haben Sie Ihren Tannenbaum schon entsorgt? Aus der Wohnung haben Sie ihn bestimmt schon entfernt. Denn schließlich ist Weihnachten lange vorbei!

Doch stimmt das wirklich? Weihnachten endet bei uns nicht mit dem zweiten Weihnachtstag, sondern erst mit dem 6. Januar, dem Tag der Heiligen Drei Könige. Allerdings, wenn seit Oktober in den Geschäften Weihnachtsartikel verkauft werden, fällt es nicht leicht, noch bis in das neue Jahr hinein an Weihnachten zu denken. Wobei die Folgen des zu guten Essens an den Festtagen wohl noch länger zu spüren und zu tragen sind ...

Was ist von Weihnachten geblieben? Ein misstrauischer Blick zur Waage oder ein ziemlich leeres Bankkonto?

Weihnachten ist nicht vorbei. Gott ist ein Mensch geworden – das ist so unglaublich, dass die Christenheit dieses Wunder seit langer Zeit feiert. Gott ist einer von uns geworden, er hat sich auch den Verachteten und Ausgestoßenen zugewandt. Schließlich hat er mit seinem Leiden, Sterben und Auferstehen die Macht des Todes gebrochen. Er hat damit Hoffnung in unsere Welt gebracht.

In der Bibel wird die Hoffnung so beschrieben: „Das Licht scheint in der Finsternis, aber die Finsternis hat es nicht ergriffen." Mit Weihnachten gibt es Hoffnung für diese Welt. Diese Hoffnung zeigt Wege in das neue Jahr. Für das eigene Leben in Familie, Nachbarschaft und Bekanntschaften wie für das Engagement für diese Welt. Das Licht der Hoffnung leuchtet, auch als einzelne kleine Flamme. Und es leuchtet weit über Weihnachten hinaus und in dieses Jahr hinein, in ein Jahr, das mit ungünstigen Prognosen begonnen hat. Doch das Licht bleibt und kann uns begleiten. Das Weihnachtsfest ist vorbei, die Weihnachtsbäume haben ihre Zeit gehabt, doch die Hoffnung bleibt.

Zum Nachlesen: Evangelium nach Johannes Kapitel 1, Vers 5

Neu

„Ein frohes Neues...!“ Eigentlich ist es schon etwas spät für diesen Wunsch. Schließlich ist die erste Arbeitswoche des neuen Jahres schon vergangen – aber noch liegt das neue Jahr vor Ihnen wie ein Buch, in dem gerade die ersten Seiten aufgeschlagen sind. Viele haben einander Gutes für das neue Jahr gewünscht, manche wahrscheinlich auch „alles Gute“. Dabei ist klar, dass es auch im neuen Jahr nicht nur Gutes gibt. Es werden auch Tage kommen, die Schweres und Unangenehmes mit sich bringen.

„Lass dich nicht vom Bösen überwinden, sondern überwinde das Böse mit Gutem.“ Diese Worte aus dem Römerbrief des Paulus sind von einem ökumenischen Arbeitskreis für dieses Jahr im deutschsprachigen Raum ausgesucht worden. Sie klingen wie ein Vorsatz, wie viele sie zum neuen Jahr gefasst haben. Immerhin ist es ein sehr guter Vorsatz, das Böse überwinden zu wollen. Manche setzen dabei auf Gewalt – und scheitern damit. Mit Gewalt lässt sich das Böse allenfalls begrenzen, aber nicht überwinden. Das hat bisher so gut wie jeder Krieg gezeigt.

Das Böse mit Gutem überwinden kann dort an Grenzen stoßen, wo jemand persönliches Unrecht erlitten hat. Rache? Vergeltung? Eigentlich ja, aber wollte man nicht das Böse, das Unrecht, mit Gutem überwinden? Also Wege zur Vergebung, zur Versöhnung suchen und gehen?

So einfach, wie die Worte aus dem Römerbrief klingen, sind sie nicht. Sie können die eigenen Kräfte übersteigen. Jesus hat diese Worte gelebt. Er hat das Böse mit Gutem überwunden. Er hat sein Leben gegeben, damit wir Schritte des Guten gegen das Böse gehen können. Auch wenn wir dabei scheitern können – es gibt wohl keinen anderen Weg, als das Böse, das, was das Leben schwer macht, mit dem Tun des Guten zu überwinden.

So kann es ein gutes neues Jahr werden, das Jahr 2011.

Offen für Unvorhersehbares

Wie beschränkt unser Wissen ist, hat sich deutlich gezeigt, als der Eyjafjallajökull (Vulkan auf Island) mit seinem Ausbruch 2010 eine große Wolke aus Vulkanasche ausgestoßen und über ganz Europa ausgebreitet hat. Die Folgen haben alle spüren müssen, die in den Tagen einen Flug gebucht hatten: nichts ging mehr. Zunächst wurde der Luftraum für einen Tag gesperrt, dann das ganze Wochenende, dann weitere Tage - allmählich wurde das Fliegen wieder erlaubt. Zigtausende Flugreisende saßen auf Flughäfen fest, Urlauber konnten nicht rechtzeitig heimkehren, Züge waren überfüllt. Selbst Politiker mussten zusehen, wie sie ihre Termine einhalten konnten, trotz Flugverbot. Kritiker meldeten sich zu Wort, sprachen von erheblichen Einbußen für die Volkswirtschaft.

Ein merkwürdiges Phänomen: ein einziger Vulkan auf Island, also recht weit von uns entfernt, genügt, um einen Teil des Lebens mitten in Europa lahmzulegen. Das Wissen, das wir Menschen so sehr schätzen, muss doch sehr begrenzt sein. Denn die Auswirkungen der Wolke konnten nur abgeschätzt werden, nicht aber sicher belegt werden.

Mich macht diese Erfahrung nachdenklich: „Ich glaube nur, was ich sehe!" Die Wolke mit der Vulkanasche konnte niemand sehen, und doch wurde vor ihr gewarnt. Weil Experten vermuten mussten, dass von dieser Wolke massive Gefahren ausgehen.

Könnte es sein, dass wir unser Wissen überschätzen, und erst in Extremsituationen feststellen (müssen), wie wenig wir wirklich wissen? Dann tun wir besser daran, aufmerksamer zu leben, offen für Erfahrungen, die unseren Alltag übersteigen oder infrage stellen.

Solche Erfahrungen wollen uns sensibel für Gott machen, für seine Spuren, die uns überall begegnen können. So wie es schon in einem Psalm der Bibel heißt „Der Himmel verkündet es: Gott ist groß!"

Zum Nachlesen in der Bibel: Psalm 19, Vers 2a

Sturm

Es waren nur zwei Stunden Sturm – und Kunden der Bahn in Norddeutschland strandeten in Bahnhöfen. Nichts ging mehr – am Donnerstag, auf vielen Strecken auch am Wochenende nicht. Und voll befahrbar werden einige Bahnstrecken erst im Laufe dieser Woche sein. Hat die Bahn versagt? Viele sind dieser Meinung.

Was sich auf jeden Fall gezeigt hat: so ein „kleiner" Sturm kann unseren Alltag ziemlich durcheinander bringen. Für die Betroffenen war die Lage lange unklar. Schlimm war es für alle, deren Reisepläne durch den Sturm durchkreuzt wurden. Glücklicherweise haben nur einzelne Menschen ihr Leben lassen müssen – jeder Tote ist einer zuviel. Die Sachschäden halten sich auch in Grenzen. Böen mit einer Windstärke von 12 werden in der Karibik eher belächelt. Betroffene werden noch immer an den Hurrikan „Irma" denken, der vor wenigen Wochen Inseln in der Karibik verwüstet und viele Menschen getötet hat.

Wir sind am Donnerstag gut davon gekommen. Trotz mancher ramponierter Gärten und vieler umgestürzter Straßenbäume. Es war schon ein besonderes Erlebnis, zu erleben, wie der Sturm eine starke Eiche innerhalb von Sekundenbruchteilen zu Boden gedrückt hat – wie durch eine unsichtbare Riesenhand.

Wir haben Grund, dankbar zu sein. Auch für Schutz und Bewahrung und für den Einsatz der Männer und Frauen in den Feuerwehren und den anderen Hilfsorganisationen.

Gott sei Dank – was manchmal nur nebenbei oder gedankenlos gesagt wird, hat hier seinen guten Platz. Wir haben Grund, dankbar zu werden, auch für Misslungenes. Für Erfolge und Misserfolge, für Glück – und manchmal auch für Verlust.

Gott danken ist ein wichtiges Thema in der Bibel, das zeigt sich darin, dass genau diese Worte wörtlich neunmal im Alten Testament genannt werden: „Danket dem HERRN; denn er ist freundlich, und seine Güte währet ewiglich."

Wir haben Grund zum Danken, nicht erst nach dem dem Sturm.

Zum Nachlesen in der Bibel: Psalm 106, Vers 1

Wer ist eigentlich der „liebe Gott“?

Wenn das Leben einigermaßen ruhig verläuft, mag die Redeweise vom „lieben Gott“ zum Leben passen. Aber nicht selten sprechen andere eher in einer Verniedlichung vom „lieben Gott“.

Doch wenn das eigene Leben mit einem Mal aus den Fugen gerät oder infrage gestellt wird, durch einen Unglücksfall oder eine schwere Krankheit, kann es da helfen, vom „lieben Gott“ zu sprechen? Eher nicht. Die Frage „Warum?“ drängt sich in den Vordergrund – zu Recht. Denn der „liebe Gott“ kann das Schwere nicht wollen oder zulassen.

Andere sprechen vom „Gott der Liebe“ - auch das kann noch zu positiv klingen, als sei dieser Gott weit entfernt vom eigenen Schicksal. Dabei führt Gott durch Tiefen hindurch – das ist die Erfahrung vieler Menschen gewesen, durch die Jahrtausende. Manchmal sind aber selbst Glaubende an ihrem Schicksal verzweifelt, sie haben im Gott der Liebe nicht den nötigen Halt gefunden.

Gott bewahrt nicht immer vor schwierigen Situationen oder vor Leid. Manchmal nehmen wir das gar nicht wahr, oder es kommt unvermittelt ein „Gott sei Dank“ über die Lippen. Andere sagen „Glück gehabt“. Wobei das Glück sich als sehr wählerisch erweist, auf das Glück kann niemand vertrauen, auf Gott schon.

Die Rede vom „lieben Gott“ wird dem Gott der Bibel nicht gerecht, sie verniedlicht und verharmlost ihn. Vor allem hält sie dem Alltag nicht stand. Wobei es in diesem Zusammenhang ohnehin schwierig ist, von Gott zu reden, weil wir von unserer Denkweise auf Gott schließen. Wir machen unsere Liebe zum Maßstab für Gottes Liebe. Und so beurteilen wir Gott nach unseren Maßstäben. So werden wir Gott sicher nicht gerecht. Er ist anders, ganz anders.

„Muss nur noch kurz die Welt retten...“

Als ob jemand die Welt retten könnte, mal eben im Vorübergehen. Aber die Tendenz ist da: das Leben ist grenzenlos. So sieht es jedenfalls aus, das ist ein Lebensgefühl in unserer Gesellschaft. Da wird maximaler Einsatz im Beruf erwartet. Überstunden sind selbstverständlich. Oder da hat jemand viele hundert „FreundInnen“ bei Facebook und verbringt jeden Tag mehrere Stunden am Laptop, um Nachrichten und Mitteilungen zu lesen. Andere verhalten sich nicht nur sportlich, sondern betätigen sich beinahe grenzenlos im Sport, ohne Profi zu sein.

Unsere Welt ist grenzenlos geworden. Wir setzen alles ein für den Beruf, für die Familie, für die Freizeit, leben grenzenlos. Das kann durchaus lange Zeit funktionieren. Bis dann doch die eigenen Grenzen erreicht sind, bis Körper und Seele dieses grenzenlose Leben nicht mehr mitmachen. Hoffentlich geschieht das nicht in Form eines Zusammenbruches oder durch Depressionen, Notwendig ist eine massive Lebensänderung, nämlich durch das Wahrnehmen der eigenen Grenzen. Denn wir haben Grenzen, jede und jeder von uns. Grenzen der Möglichkeiten, aber auch Grenzen der Belastung. Diese können sehr verschieden sein.

Unser Leben kann eher gelingen, wenn es gelingt, die eigenen Grenzen anzuerkennen und mit ihnen zu leben. Das kann bedeuten, immer wieder bewusst Pausen einzulegen, Auszeiten zu planen oder kreativ tätig zu werden.

Übrigens: auch berühmte Männer und Frauen hatten und haben Grenzen. Sogar Jesus. Mitten im Trubel zog Jesus sich zum Gebet in die Einsamkeit zurück: „Und als Jesus sich von ihnen getrennt hatte, ging er hin auf einen Berg, um zu beten.“ Er leistete sich das, obwohl Menschen ihn suchten und von ihm Hilfe erwarteten. Wenn Jesus solche Pausen nötig hatte und damit seine Grenzen beachtete, wieviel mehr gilt das dann für uns!

Zum Nachlesen in der Bibel: Evangelium nach Lukas Kapitel 6, Vers 46

FSC
www.fsc.org
MIX
Papier aus verantwortungsvollen Quellen
Paper from responsible sources
FSC® C105338

Printed by Books on Demand GmbH, Norderstedt / Germany